Titoli di Saggistica di Janvier T.Chando

ICONE E CATTIVI: I Recenti Omicidi Politici che Hanno Trasformato…
CAMERUN: il Sistema di Marionette Disfunzionali della Francia…
EROI CADUTI: I Leader Africani i cui Assassinazioni…
UCRAINA: Il Tiro Alla Fune Tra Russia e Occidente
CAMERUN: Il Cuore Infestato dell'Africa

Titoli di Finzione di Janvier Chando

L'Usurpatore: e Altre Storie
Agente Triplo, Doppia Croce
Discepoli della Fortuna
L'Unione Muzhik
Il Flash del Sole
La Chiamata della Fortuna
Il Maestro della Fortuna
I Figli della Fortuna
Lo Prima di Loro
La Leggenda di Fuoco e Ghiaccio
La Più Dolce Follia
Le Nonne
Il Fuoco della Fame
Le Sfumature del Fuoco
Padre e Figli
Il Dottore
Tonalità Scure
Legami Fatidici
Il Verdetto dell'Ade
La Prova di sua Maestà
Follia di Ngoko
L'Usurpatore
La Dote
Sono odiato
Il Allocco

Prossimi Titoli di Janvier Chando

Il Falco Bianco
Gli Amici Mortali
Gli Orsi di Norilsk
I Incostante di Casa

LA LIQUIDAZIONE DEL SIMBOLO IMPERFETTO DELLA LIBIA:

L'Assassinio di Muammar Gheddafi, Lo Scompiglio del Paese e le Risultanti Scosse di Assestamento in Africa

Janvier T. Chando

TISI BOOKS

NEW YORK, RALEIGH, LONDRA, AMSTERDAM

PUBBLICATO DA TISI BOOKS

LA LIQUIDAZIONE DEL SIMBOLO IMPERFETTO DELLA LIBIA: L'Assassinio di Muammar Gheddafi, Lo Scompiglio del Paese e le Risultanti Scosse di Assestamento in Africa

© 2019 di Janvier Chando

ISBN-13: 978-1-7097-9923-5

ISBN-10: 1-7097-9923-4

PUBBLICATO DA TISI BOOKS

www.tisibooks.com

NEW YORK, RALEIGH, LONDRA, AMSTERDAM

Stampato negli Stati Uniti d'America

Riconoscimento

Parole speciali di apprezzamento per la zia Anna Mapajane Chitja che per prima mi ha fatto riflettere sull'eredità di Gheddafi.

.

Dedizione

Il libro è dedicato a tutti i leader iconici e leggendari i cui scopi erano di servire l'umanità e far progredire il benessere dell genere umano, in particolare quelli che sono stati abbreviati nelle loro missioni storiche dalle forze del male di questo mondo.

LA LIQUIDAZIONE DEL SIMBOLO IMPERFETTO DELLA LIBIA:

L'Assassinio di Muammar Gheddafi, Lo Scompiglio del Paese e le Risultanti Scosse di Assestamento in Africa

CONTENUTO

Citazioni di Muammar Gheddafi

"Ci deve essere una rivoluzione mondiale che pone fine a tutte le condizioni materialistiche che impediscono alla donna di svolgere il suo ruolo naturale nella vita e la spinge a svolgere i compiti degli uomini al fine di essere uguali nei diritti."

"Le nazioni il cui nazionalismo viene distrutto sono soggette a rovina."

"La libertà dell'uomo è carente se qualcun altro controlla ciò di cui ha bisogno, poiché il bisogno può comportare la schiavitù dell'uomo."

"Una volta che un righello diventa religioso, diventa impossibile per te discutere con lui. Una volta che qualcuno governa in nome della religione, la tua vita diventa un inferno."

"Fai sapere alle persone libere del mondo che avremmo potuto contrattare e vendere la nostra causa in cambio di una vita personale sicura e stabile. Abbiamo ricevuto molte offerte in tal senso, ma abbiamo scelto di essere all'avanguardia dello scontro come distintivo del dovere e dell'onore."

"Non ho altro che disprezzo per l'idea di una bomba islamica. Non esiste una bomba islamica o una bomba cristiana. Qualsiasi arma di questo tipo è un mezzo per terrorizzare l'umanità e siamo contrari alla fabbricazione e all'acquisizione di armi nucleari. Ciò è in linea con la nostra definizione di e opposizione al terrorismo."

"Non parteciperò a una cospirazione per mobilitare gli arabi contro i persiani. Solo le forze del colonialismo beneficiano di tale cospirazione. Non farò parte di una cospirazione che divide l'Islam in due — Islam sciita e Islam sunnita — mobilitando l'Islam sunnita contro l'Islam sciita."

"I tempi del nazionalismo e dell'unità araba sono passato per sempre. Queste idee che hanno mobilitato le masse sono solo una valuta senza valore. La Libia ha dovuto sopportare troppo dagli arabi per i quali ha versato sangue e denaro."

MAPPE

Libia su una Mappa del Mondo

La Libia su una Mappa del Mondo Arabo

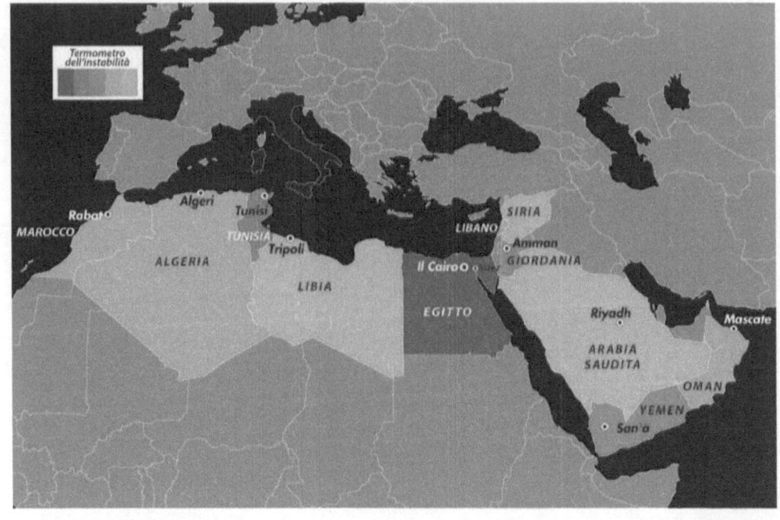

La Primavera Araba

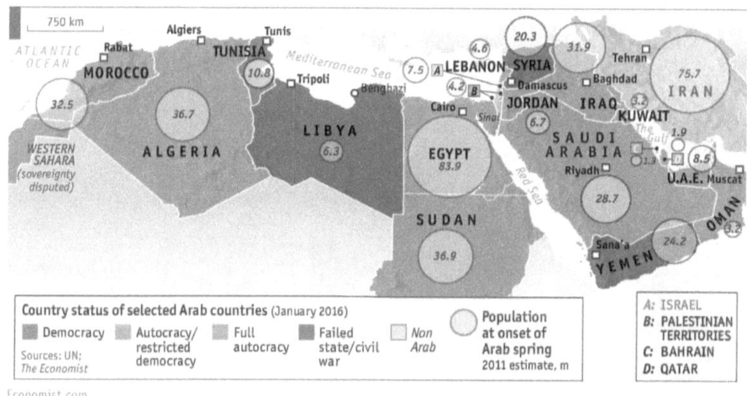

Mappa di Partizione dell'Africa: 1884-1914

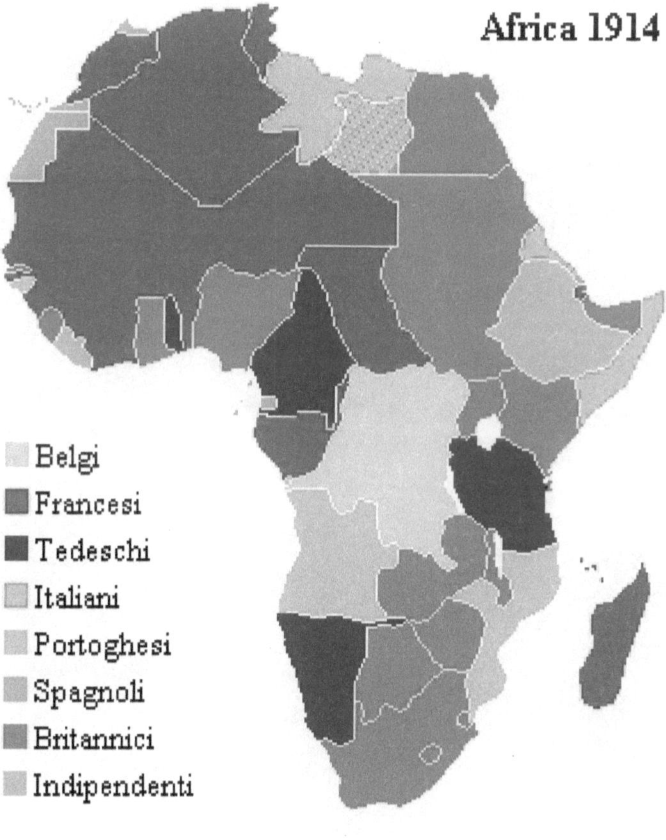

Africa 1914

Mappa Politica dei Paesi Africani

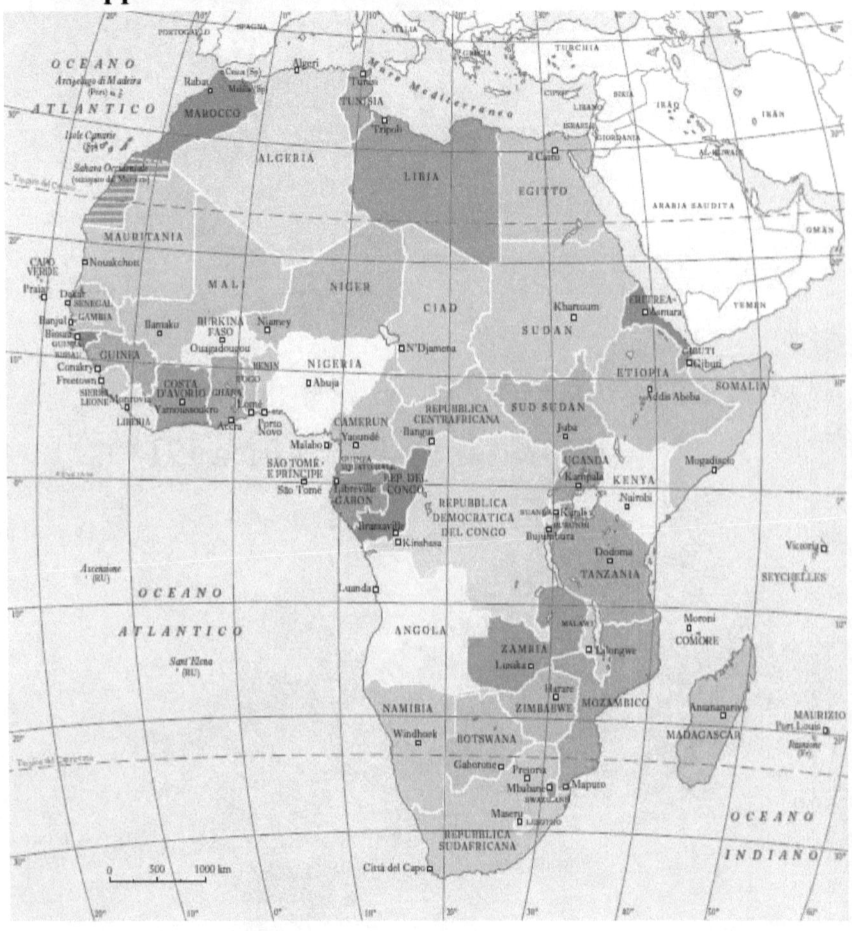

3 - LE INDIPENDENZE AFRICANE

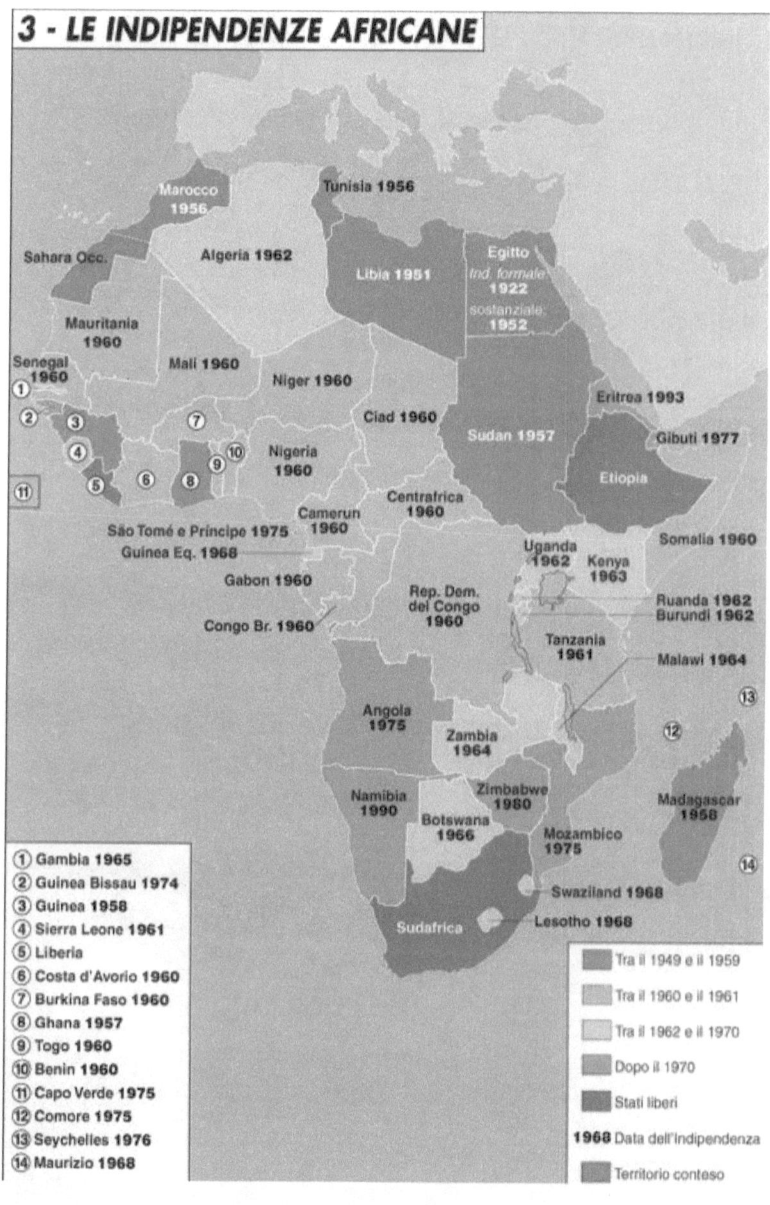

Valutazioni Sulla Democrazia dei Paesi Africani

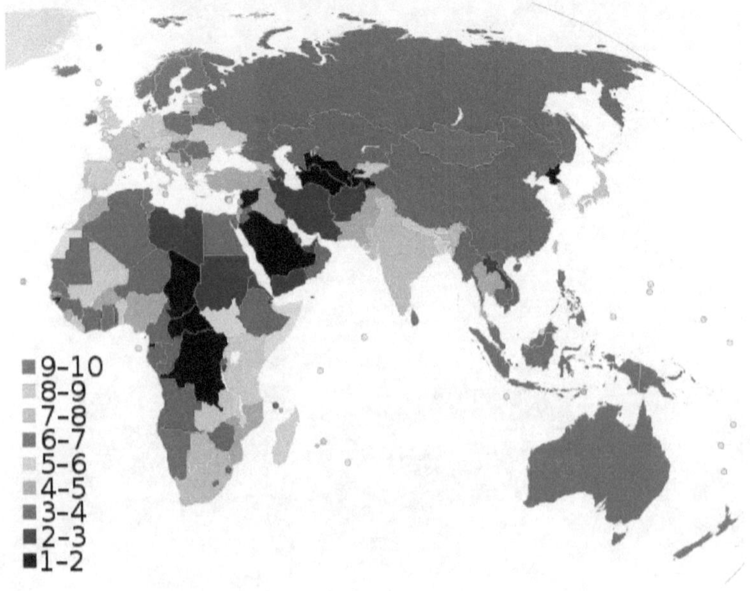

La Misura della Libertà dei Paesi del Mondo

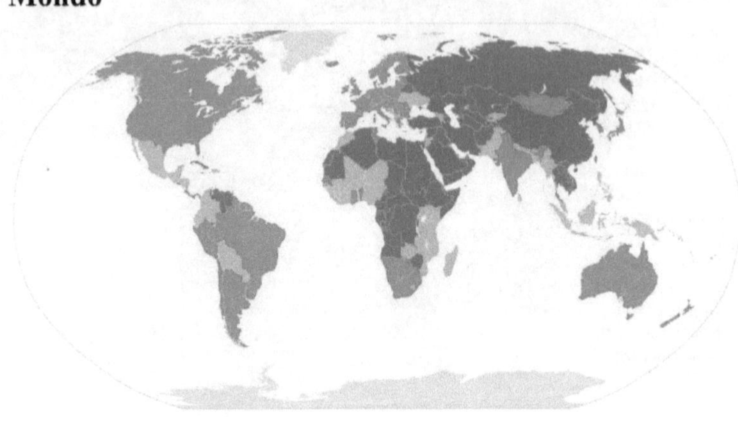

INTRODUZIONE

Nella mia ricerca della risposta al motivo per cui esistono alcuni punti di crisi geopolitici nel mondo, nella mia curiosità di conoscere la / e ragione / e per cui alcuni paesi e il mondo in generale hanno subito cambiamenti improvvisi e drammatici che hanno portato alla guerra, all'instabilità o al riorientamento del loro le politiche interne ed estere che non solo hanno influenzato questi paesi, ma influenzano anche determinate regioni o il mondo intero, ho esplorato omicidi politici negli ultimi dozzine di decenni che hanno cambiato il nostro mondo. Con il nostro mondo intendo le nostre comunità, paesi, regioni e l'umanità nel suo insieme.

Nel trattare i diversi omicidi avvenuti nel corso degli anni, ho usato un approccio caratterizzato dalla sociologia politica, in cui ho analizzato in modo succinto i fattori storici e sociali che non solo hanno portato agli omicidi, ma che sono nati anche dall'uccisione di queste figure storiche. E da questi fattori, ci viene presentata un'idea o immagini di come la società colpita si è evoluta dall'evento o dagli eventi traumatici.

Dai contraccolpi che hanno seguito l'assassinio di

personaggi storici, leggendari o iconici, possiamo imparare qualcosa di utile e inventare scenari o cosa aspettarci come calamità se determinati leader vengono assassinati, e quindi agire di conseguenza nel prevenire i loro omicidi.

Capitolo Uno

Muammar al-Gheddafi

Per un po 'di più, la storia di Muammar al-Gheddafi continuerà ad apparire nei principali discorsi politici in Africa e Medio Oriente; e la sua vita e soprattutto la sua morte sarebbe, di tanto in tanto, essere fonte di soddisfazione, irritazione, polemiche, rancore, rabbia e disgusto nel resto del mondo.

In che modo questa figura di divisione che ha dominato la politica libica per quattro decenni, che ha sostenuto l'unità araba e poi Africana, che ha apportato miglioramenti significativi alla qualità della vita dei libici, rendendoli così l'invidia del resto dell'Africa, e che è stato lodato da alcuni per la sua posizione antimperialista, finito isolato, perseguitato e cacciato dalla NATO (Organizzazione del Trattato del Nord Atlantico) e infine ucciso dai libici in una guerra civile in cui i suoi nemici stranieri hanno combattuto con i ribelli libici? Perché è stato fortemente opposto dai fondamentalisti islamici, condannato dalle potenze occidentali come un dittatore che ha violato i diritti umani del suo popolo e finanziato il terrorismo globale, e perché è stato tenuto dalla larga da coloro con cui voleva lavorare?

Di seguito possiamo trovare alcune delle risposte dall'account.

Capitolo Due

Il controverso Muammar al-Gheddafi, che fu il capo di stato più longevo in Africa fino alla sua estromissione e morte il 20 Ottobre 2011, nacque il 7 Giugno 1942 da una famiglia tribale chiamata al-Gheddafa nell'insediamento costiero centrale di Sirte, in Libia in un'epoca in cui la Libia era una colonia Italiana. Quando nel 1951, la Libia ottenne l'indipendenza come Regno Unito di Libia e come monarchia costituzionale ed ereditaria sotto il Re alleato occidentale Idris; Gheddafi sapeva a malapena cosa stesse succedendo intorno a lui. Tuttavia, il movimento nazionalista Arabo lo influenzerebbe notevolmente da giovane, e ammirerebbe il suo leader, il forte Egiziano Gamal Abdel Nasser, al punto che decise di diventare un soldato come il suo eroe Egiziano, un sogno che realizzò entrando il collegio militare nella città libica orientale di Bengasi nel 1961. Alla fine, avrebbe trascorso quattro mesi di addestramento militare nel Regno Unito.

La spartizione dell'Africa

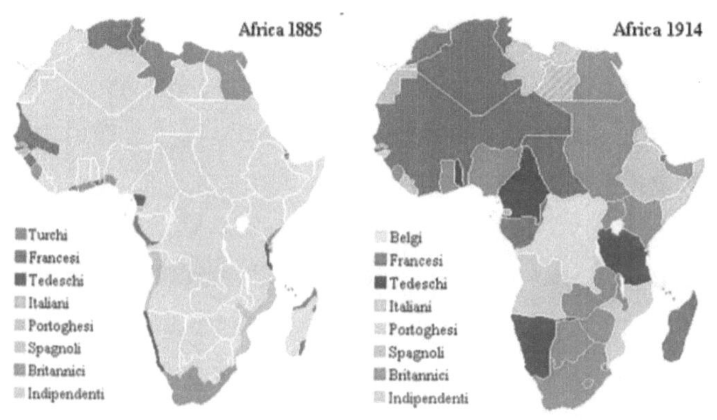

Gheddafi è cresciuto costantemente tra i ranghi dell'esercito Libico mentre lo sfruttamento del petrolio ha portato ricchezza nel paese. Tuttavia, la disaffezione è cresciuta per l'aumento della concentrazione della ricchezza della nazione nelle mani del Re Idris. Fu durante questo periodo che il talentuoso e carismatico Gheddafi fu coinvolto in un movimento di giovani ufficiali intenzionati a rovesciare il re. Alla fine, sarebbe salito al potere nel gruppo, alla posizione di comando. Il 1 ° Settembre 1969, il gruppo rovesciò Re Idris mentre si trovava all'estero in Turchia per cure mediche e nominò Gheddafi comandante in capo delle forze armate e presidente del Consiglio di comando rivoluzionario — il nuovo organo di governo della Libia, rendendolo effettivamente il sovrano della Libia all'età di ventisette anni.

Una delle prime misure prese dalle nuove autorità per

timbrare la loro autorità sul paese nordAfricano fu l'immediata chiusura delle basi militari Americane e Britanniche in Libia e la loro forte richiesta che le compagnie petrolifere straniere nel paese condividessero una percentuale maggiore di entrate con Libia. Nello stesso anno proibirono la vendita di alcolici e sostituirono il calendario gregoriano con quello islamico.

Un tentativo fallito di colpo di stato da parte dei suoi colleghi ufficiali nel Dicembre 1969, farebbe Gheddafi a mettere in atto leggi che criminalizzavano il dissenso politico. Avrebbe continuato a espellere i rimanenti Italiani dalla Libia nel 1970 e ha sottolineato ciò che vedeva come una battaglia tra il nazionalismo Arabo e l'imperialismo occidentale. Ciò lo vedrebbe anche come molto vocale nella sua opposizione al sionismo e Israele, culminando nella sua espulsione della comunità Ebraica dal paese. Mentre le relazioni con l'Occidente si inasprivano sempre di più, la cerchia interna di persone di fiducia di Gheddafi divenne sempre più piccola, risultando in uno stato di polizia i cui agenti di intelligence erano abbastanza audaci da persino inseguire i libici che vivevano in esilio che si riteneva lavorassero con i nemici dello stato Libico.

I primi anni del dominio di Gheddafi lo hanno visto fare vigorosi tentativi di orientare la Libia lontano dall'Occidente e verso il Medio Oriente e l'Africa. Tuttavia, la Libia entrerebbe in un conflitto militare con l'Egitto e il Sudan dopo che questi due paesi si inclinarono verso l'Occidente in seguito alla firma dell'accordo di pace Egiziano-Israeliano tra il successore di Nasser Anwar Sadat e il primo ministro di destra di Israele Menachem. La Libia sarebbe persino coinvolta nella sanguinosa guerra civile in Ciad contro la fazione filo-Francese nel conflitto.

Capitolo Tre

Quando negli anni '70 Gheddafi pubblicò il primo volume del Libro verde, che è un lavoro in tre volumi che descrive i problemi inerenti alla democrazia e al capitalismo liberali, sollevò molte sopracciglia perché i suoi avversari lo vedevano come più di una spiegazione della sua filosofia politica. In effetti, il libro mirava a promuovere le sue politiche come rimedio ai problemi delineati. Le sue altre affermazioni secondo cui la loro Nuova Libia vantava comitati popolari e proprietà condivisa, suscitò preoccupazioni in diversi settori, anche se le idee nel libro non si riflettevano sul terreno in Libia come ha affermato.

Anche se il tenore di vita del Libico medio sotto il suo dominio divenne migliore al punto da essere il più alto in Africa, i nemici stranieri di Gheddafi non furono i soli a notare una dose di eccentricità nel suo stile di governo. Il fatto che avesse un gruppo di guardie del corpo femminili con i tacchi anche se la Libia era un paese Musulmano arroccato in una regione in cui le questioni dei diritti delle donne erano ancora un arretramento sociale; il fatto che si considerasse il Re dell'Africa dopo che alcuni leader Africani avevano apprezzato la sua spinta verso un'Unione Africana e gli avevano conferito il titolo; il fatto che era noto per erigere una tenda dove stare ogni volta che viaggiava all'estero; il fatto che indossasse abiti che, sebbene riconoscibili in diverse parti dell'Africa, non corrispondevano alla norma diplomatica; il fatto che non era politicamente corretto e spesso parlava in un mondo in cui la maggior parte dei leader preferiva tenere le cose sotto controllo; e il fatto che non avrebbe lasciato che la Libia diventasse il vassallo di nessuno dei grandi poteri, lo rendeva un cannone libero in molti circoli del potere.

Da sinistra a destra: Gheddafi, Yasser Arafat dell'Organizzazione per la liberazione della Palestina, egiziano Abdel Nasser e il Re di Giordania Hussein bin Talal (1970)

Ronald Reagan, il 40 ° presidente degli Stati Uniti d'America, avrebbe chiamato Gheddafi "Il cane pazzo del Medio Oriente" dopo aver concluso che il leader Libico non era solo spietato nel reprimere il dissenso contro il suo governo autocratico a casa mentre i suoi agenti cacciavano e ucciso gli oppositori all'estero, il suo governo è stato anche coinvolto nel finanziamento di molti gruppi anti-occidentali in tutto il mondo, compresi i gruppi considerati organizzazioni terroristiche come il Baader Meinhof di Germania, la Brigata rossa giapponese, il Partito Repubblicano irlandese e i numerosi Palestinesi gruppi che combattono contro Israele. Il fatto di aver sostenuto anche diversi movimenti di liberazione in Africa come *l'African National Congress (ANC---* Congresso Nazionale Africano) nella sua campagna contro l'Apartheid in Sud Africa, l'MPLA contro il maestro coloniale Portoghese in Angola, il FRELIMO contro il dominio coloniale Portoghese in Mozambico, SWAPO contro il dominio coloniale SudAfricano in Namibia e POLISARIO contro l'occupazione Marocchina di l'ex Sahara occidentale Spagnolo, sfidando il desiderio collettivo del popolo del territorio e della comunità internazionale; e il fatto che finanziasse colpi di stato contro capi di stato Africani che considerava marionette occidentali, lo rendeva irritante nel mondo delle "nazioni civili."

A seguito di un bombardamento del 1986 di una discoteca di Berlino Ovest in Germania che uccise tre persone e ferì decine di persone, gli Stati Uniti d'America accusarono la Libia per l'attacco terroristico e gli Stati Uniti. Il presidente Ronald Reagan ordinato il bombardamento di obiettivi specifici in Libia, inclusa la residenza di Gheddafi nella città di Tripoli, la capitale della Libia. Nella campagna, gli Stati Uniti hanno perso un aereo che è stato abbattuto, provocando la morte di due membri dell'equipaggio. Gheddafi non è stato ucciso nella campagna militare, ma la Libia ha perso 45 soldati e funzionari e 15-30 civili, tra cui una giovane ragazza affermata da Gheddafi, essere sua figlia adottiva chiamata Hanna. Inoltre, dozzine di hardware militare del Paese nordAfricano furono distrutte.

La Libia è stata accusata di aver effettuato l'attentato di Lockerbie del 1988 quando un aereo che trasportava 259 persone è esploso vicino a Lockerbie, in Scozia, uccidendo tutti i passeggeri a bordo. I detriti che cadono risultanti ucciderebbero altri 11 civili sul terreno. Le Nazioni unite hanno messo la Libia sotto sanzioni sulla base del fatto che è stato implicato nel bombardamento. Ma non era tutto. Si riteneva inoltre che diversi libici, tra cui un suocero di Gheddafi, fossero alla base dell'esplosione. dell'aereo passeggeri Francese UTA Flight 772 nel 1989, uccidendo tutti i 170 passeggeri a bordo dell'aereo, tra cui Bonnie Barnes Pugh, moglie di Robert L. Pugh, l'ambasciatore degli Stati Uniti nella Repubblica del Ciad, che è il principale vicino meridionale della Libia.

C'è una scuola di pensiero secondo cui il riavvicinamento che ebbe inizio negli anni '90 tra la Libia e l'Occidente avvenne a causa dei figli di Gheddafi, che erano riusciti a convincere il leader Libico che tutto sarebbe andato bene se avesse aggiustato i legami con le potenze occidentali. Tuttavia, il disgelo della relazione tra Gheddafi e l'Occidente stava avvenendo in un momento di crescente minaccia da parte degli islamisti che si opponevano al suo dominio. Ha iniziato a condividere informazioni con i servizi di intelligence Britannici e Americani su come contenere e neutralizzare questo crescente fondamentalismo islamico.

Così, quando nel 1994, il nuovo presidente del Sud Africa e capo del partito al potere del Paese (Congresso Nazionale Africano — ANC) Nelson Mandela (aveva trascorso 27 anni nella prigione dell'apartheid prima della sua liberazione nel 1990 che ha iniziato il processo pacifico in lo smantellamento dell'apartheid) ha visitato la Libia anche se il paese nordAfricano era soggetto a un divieto di viaggio internazionale, le potenze occidentali non ne erano contente. Tuttavia, Nelson Mandela persuase il leader Libico a consegnare i due cittadini libici che gli Stati Uniti d'America e i suoi alleati occidentali sospettavano di aver pianificato l'attentato di Lockerbie. Il mondo fu sorpreso che Gheddafi accettasse di farlo. Il leader Libico si fidava di Nelson Mandela, che in realtà era l'unico leader straniero a visitare la Libia durante l'embargo di due decenni sul paese e un decennio di divieto di volo. L'ex prigioniero e presidente politico SudAfricano a quel tempo fece il difficile viaggio per terra dall'Egitto alla Libia, apprezzando il fervido sostegno della Libia alle forze anti-apartheid Sudafricane nella loro lotta contro la regola della minoranza bianca del sistema dell'apartheid in SudAfrica. L'icona anti-apartheid e la rinomata visita dello statista SudAfricano segnarono l'inizio del rammendo delle relazioni con l'Occidente su molti fronti, e apparvero a molti, per annunciare una nuova era nelle relazioni Libico-occidentali. In effetti, è stato negli anni '90 che Gheddafi ha smesso di dare sostegno finanziario, materiale e umano ai vari movimenti panarabici e PanAfricani, in particolare ai gruppi Palestinesi. Invece, si è concentrato sull'ottenimento di sanzioni contro la Libia revocate. Alcuni sostengono che abbia rinunciato ai Palestinesi dopo che l'Organizzazione di liberazione Palestinese di Yasser Arafat (OLP) non lo ha informato dei negoziati segreti che stavano conducendo con gli Israeliani che alla fine hanno portato alla firma degli accordi di Oslo I del 13 Settembre 1993 sul raggiungimento di una pace accordo tra Israele e i Palestinesi. Il suo stato di paria in quel momento derivava principalmente dalle azioni della Libia a sostegno dei Palestinesi.

Capitolo Quattro

L'11 Settembre 2001, gli attacchi terroristici negli Stati Uniti d'America altererebbero il panorama geostrategico del mondo, soprattutto quando George W. Bush, il 43 ° presidente degli Stati Uniti d'America, dichiarò che "O sei con noi o sei contro di noi." Fu sussurrato in alcuni ambienti alti poco dopo quegli attacchi che gli Stati Uniti intendevano abbattere i regimi in quei paesi che George Bush accusava di essere" l'Asse del Male ", che comprendeva Iran, Iraq, Corea del Nord, Cuba, Libia, Sudan e Siria. Quindi, quando la Libia si è pacificamente risolta con gli Stati Uniti d'America nel Dicembre 2003 per eliminare il suo programma di armi di distruzione di massa, incluso un programma di armi nucleari vecchio di decenni, molte persone hanno dubitato dell'affermazione del leader Libico secondo cui la sua ragione per volere il programma demolito era perché non voleva che i terroristi si impossessassero di quelle armi. Sostenevano invece che Gheddafi si fosse sbarazzato del suo programma di armi di distruzione di massa a causa delle minacce fatte dagli Stati Uniti d'America che non poteva sopportare, e così cedette alle richieste Americane e così li placarono.

Mappa Politica dei Paesi Africani, 2000

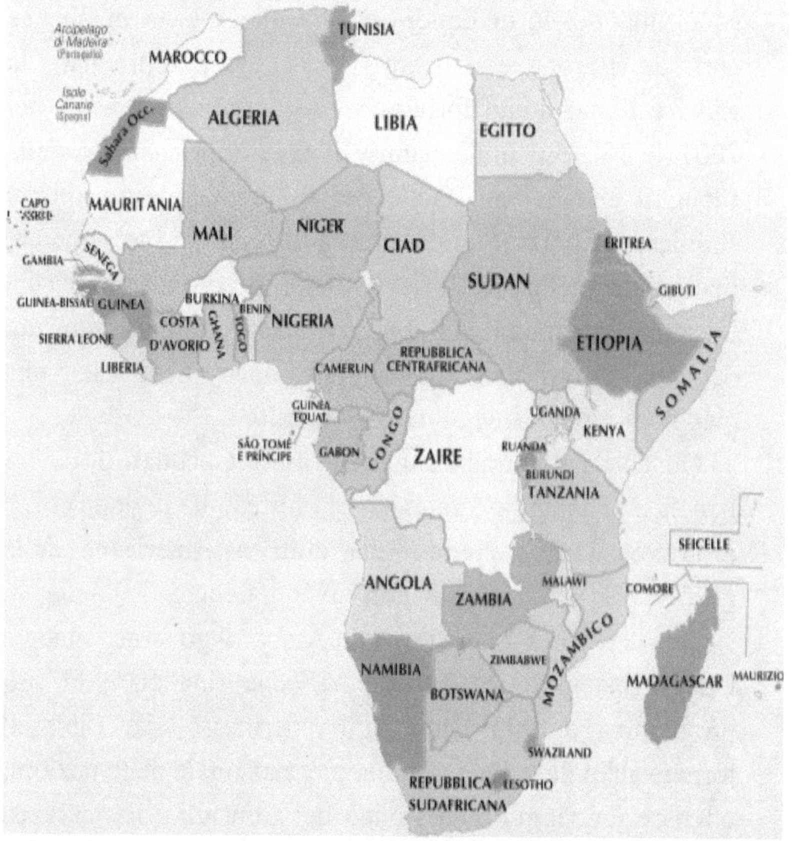

Molti critici di Gheddafi non erano contenti che il leader

Libico fosse accolto nelle capitali occidentali. Quando il Primo Ministro Italiano Silvio Berlusconi si è vantato pubblicamente di essere tra gli amici intimi di Gheddafi, molti critici dell'uomo forte Libico si sono chiesti se la nuova amicizia di Gheddafi e dell'Occidente non fosse basata sugli affari e sull'accesso al petrolio Libico.

Per anni, i figli di Gheddafi, e in particolare suo figlio ed erede, Seif al-Islam Gheddafi, si mescolarono liberamente con l'alta società di Londra e altre alte società in diverse parti dell'Europa e dell'America. Come per premiare la Libia e il suo uomo forte per "aver cambiato strada", nel 2001 le Nazioni unite hanno alleggerito le sanzioni alla Libia, il che ha reso facile per le compagnie petrolifere straniere elaborare nuovi contratti redditizi per operare liberamente nel paese. Il risultato non fu solo una massiccia iniezione di capitale in Libia, ma anche un miglioramento degli standard di vita, una maggiore libertà nel paese e una maggiore esposizione al mondo esterno.

Quando alcuni arabi hanno accusato Gheddafi di dare a Israele un vantaggio strategico più forte nella regione con il disarmo, di dare credito alla dottrina Americana della guerra preventiva e di non aver ottenuto garanzie di sicurezza per la Libia e il mondo Arabo, il governo Libico e i suoi sostenitori hanno risposto che rinunciare al suo programma di armi nucleari ha permesso alla Libia di tornare all'ovile della comunità internazionale delle nazioni, ottenere un seggio temporaneo del Consiglio di sicurezza delle Nazioni unite e risparmiare un po 'di soldi per investire nel popolo Libico e nello sviluppo del paese.

Molti sostenitori di Gheddafi, specialmente in Africa,

ritengono che Gheddafi abbia attinto alla rinascita economica della Libia nel capitale politico nel continente e abbia iniziato a promuovere la rapida realizzazione di un'Unione economica Africana con una valuta sostenuta dall'oro chiamata Dinar quello avrebbe effettivamente ridotto il prepotente ruolo neocolonialista della Francia nell'Africa Francofona, rendendolo così intollerabile agli occhi della Francia e dei suoi alleati occidentali. Tuttavia, i suoi critici pensano che la sua regola dittatoriale, l'ostinazione e l'incapacità di adattarsi al clamore per la democrazia e la libertà scatenato la protesta contro il suo dominio, una richiesta di un cambiamento fondamentale del sistema che degenerato in una rivolta, e poi in un civile guerra.

Capitolo Cinque

Gheddafi inizialmente pensava che la primavera araba, iniziata nella vicina Tunisia orientale della Libia nel Gennaio 2011, per poi diffondersi nel suo vicino occidentale, l'Egitto, il mese successivo, provocando l'espulsione di Zine El Abidine Ben Ali e Hosni Mubarak della Tunisia e dell'Egitto e Libia, rispettivamente. Ma non è questo il caso. Era al potere da quattro decenni e non poteva essere insensibile all'opposizione. I cambiamenti politici nei vicini orientali e occidentali della Libia aumentato il morale dei cittadini dei vari paesi arabi per protestare. In Libia, scoppiarono manifestazioni nella città orientale di Bengasi, che è la seconda città più grande della Libia, nota per la sua storia di opposizione alla capitale Tripoli, e poi si diffuse in tutta la Libia, nonostante le misure di carote e bastoncini adottate da Gheddafi regime per ridurre la situazione.

Le prime misure indecise di Gheddafi hanno

incoraggiato i manifestanti e lo stallo si è rapidamente degenerato in una rivolta armata. I suoi critici lo accusarono di intensificare la situazione, di aver eseguito una sanguinosa repressione e di aver usato mercenari stranieri. Gheddafi da parte sua ha affermato che i manifestanti erano traditori, stranieri, seguaci di al-Qaeda e tossicodipendenti. Ha esortato i suoi sostenitori a continuare la lotta contro la nuova resistenza.

Alla fine di Febbraio 2011, i ribelli avevano formato un organo di governo chiamato Consiglio nazionale di transizione nel Febbraio 2011. Alla fine di Marzo, una coalizione NATO a guida Francese ha iniziato a fornire supporto alle forze ribelli sotto forma di attacchi aerei e una zona di divieto di volo, con supporto logistico fornito dagli Stati Uniti. L'intervento militare della NATO nei prossimi sei mesi distrutto l'aeronautica libica e decimato le forze armate del paese, cosicché la maggior parte di coloro che combattevano per Gheddafi finirono per essere persone che non avevano alcun legame con l'esercito regolare. Gli attacchi della NATO si sono rivelati decisivi in quanto una città libica dopo l'altra è caduta in mani ribelli e quando un attacco aereo ha ucciso il figlio più giovane Saif al-Arab Gheddafi, e tre dei suoi nipoti come leader Libico e sua moglie, Safiya, stavano partecipando a un raduno di famiglia e amici ospitati dal figlio Said al-Arab.

Quando nel Giugno 2011, la Corte penale internazionale ha emesso mandati di cattura per Gheddafi, suo figlio Seif al-Islam e suo cognato per i crimini contro l'umanità, il mondo ha capito che i poteri che erano stati completati hanno rinnegato Gheddafi e che non c'era futuro per il suo regime. Quando un mese dopo le accuse, più di 30 paesi hanno riconosciuto l'NTC come il governo legittimo della Libia, si è capito che Gheddafi aveva perso la guerra civile.

La capitale Tripoli cadde in mano alle forze ribelli alla fine di Agosto 2011, causando una fine simbolica del dominio di Gheddafi mentre si ritirava a Sirte, la sua città natale, anche se la maggior parte dei suoi nemici non potevano dire con certezza dove si trovasse. Aveva sostanzialmente perso il controllo della Libia, ma non si poteva accertare dove si trovasse.

Quindi, quando il 20 Ottobre 2011, il mondo venne a sapere che Muammar Gheddafi era morto vicino alla sua città natale di Sirte, in Libia dopo un attacco aereo della NATO sul suo convoglio lo costrinse a nascondersi in un fossato, da dove fu scoperto dai combattenti che procedettero ucciderlo; molte persone trovato le notizie inquietanti. Tuttavia, è emerso video che mostrano il corpo insanguinato di Gheddafi trascinato in giro dai combattenti ribelli, quindi il suo cadavere in mostra, gli ultimi momenti dal vivo dell'altro figlio Mutassim Gheddafi e, successivamente, il corpo senza vita di Mutassim dopo essere stato giustiziato.

Mentre la notizia della morte di Gheddafi si diffuse in giro, spronando molti libici a riversarsi nelle strade per celebrare ciò che molti di loro salutarono come il culmine della loro rivoluzione e l'inizio di un nuovo capitolo della loro storia, altri lo videro come prova che le ex potenze coloniali che non avevano a cuore gli interessi del popolo Libico, era riuscito a sconfiggere un grande baluardo contro lo sfruttamento e il controllo stranieri ulteriori o continui della Libia e dell'Africa. Questo sentimento è stato profondamente sentito in Medio Oriente, e in particolare in Africa, dove le notizie avevano raggiunto molte persone nei paesi lì che Gheddafi aveva nascosto l'oro e l'argento per un valore di oltre $ 7 miliardi, che intendeva utilizzare per stabilire una valuta PanAfricana basata sul dinaro dorato Libico, una valuta che avrebbe fornito ai paesi dell'Africa Francofona una valuta alternativa al Franco Francese (CFA) che è considerato in molti circoli come uno degli strumenti di sfruttamento e strangolamento Francese dei suoi ex colonie e territori in Africa.

Mappa Etnica e Tribale della Libia

Divisione Fazionale Postbellica della Libia

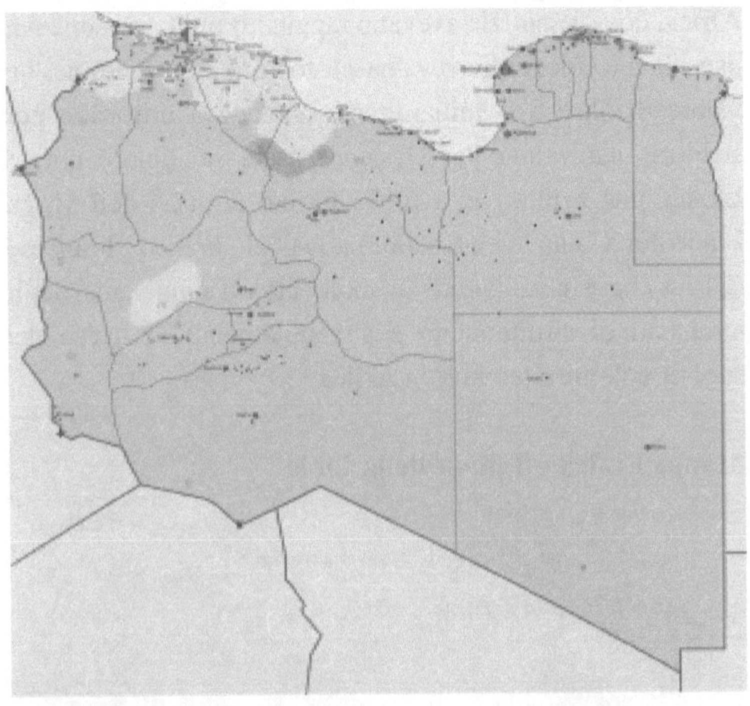

Aree controllate dall'esercito nazionale Libico

Aree controllate dallo scudo Libico (subordinate al governo di unità nazionale)

Aree controllate dai ribelli (subordinate al governo di salvezza nazionale)

Aree controllate dallo Stato islamico

Aree controllate dai Sovietici Mujahideen, dalla Shura a Derna, Bengasi e Ajdabiya

Aree controllate dalle forze locali

Aree controllate da Tuaregs

I media (specialmente in Medio Oriente) ipotizzato che il rovesciamento e l'uccisione di Gheddafi renderebbero l'Iran, la Corea del Nord e forse altri paesi più riluttanti a rinunciare ai propri programmi nucleari e / o armi nucleari a causa del rischio di essere indebolito e / o di incrocio doppio successivamente. Molti in Africa hanno accusato le grandi potenze dei doppi standard, chiedendosi perché le potenze occidentali stavano massaggiando spalle con dittatori Africani come Paul Biya del Camerun (al potere dal 1982), i Bongos (Omar, dal 2 Dicembre, 1967 - 08 Giugno , 2009, e ora suo figlio Ali dal 16 Ottobre 2009), gli Eyademas (Gnassingbé, dal 14 Aprile 1967 al 5 Febbraio 2005, e suo figlio Faure Essozimna dal 04 Maggio 2005), i dittatori che hanno impoverito il loro popolo, sono odiati in le loro società e che flagrantemente truccano le elezioni per rimanere al potere — un sacrilegio alla democrazia a cui i loro burattinai chiudono un occhio o danno le loro benedizioni.

Mentre la Libia post Gheddafi continua a essere coinvolta nella violenza otto anni dopo la sua morte, mentre gli islamisti armati rendono ingovernabile il paese, poiché i signori della guerra e le milizie armate abbondano e creano una situazione che rende la Libia una raccolta di feudi, mentre regnano due governi rivali nel paese, molte persone si stanno ancora chiedendo se la Libia sarebbe in grado di trovare presto un sistema funzionante che è migliore della regola del Muammar Gheddafi pesantemente difettoso, assetato di potere, spietato ma patriottico che non è riuscito a lasciare un'eredità pacifica che potrebbe essere emulato dalle generazioni future, un fallimento che sta rendendo possibile per le forze straniere che lui ha ardentemente desiderato tenere fuori dalla Libia per avere una mano libera nel modellare o non riuscire a plasmare il futuro del paese.

L'effetto a catena della guerra civile libica si diffuse nell'Africa settentrionale e occidentale, mentre migliaia di combattenti, per lo più etnici tuareg del Mali e del Niger, che hanno sostenuto Gheddafi o NTC durante il conflitto, sono tornati nei loro paesi d'origine con una vasta gamma di armi e munizioni, innescando una scia di conflitti civili in Niger, Mali, Algeria, Nigeria, Camerun, Ciad e Repubblica CentrAfricana. Oggi c'è poco clamore per un'unione economica Africana poiché nessun altro capo di stato Africano si è fatto avanti per guidare lo sforzo dopo la morte di Gheddafi, lasciando oggi il continente come l'ultima frontiera in una nuova lotta tra le potenze industriali del mondo, per garantire l'offerta di risorse che diminuiscono rapidamente ogni giorno.

Indice di Democrazia: Africa e il Mondo

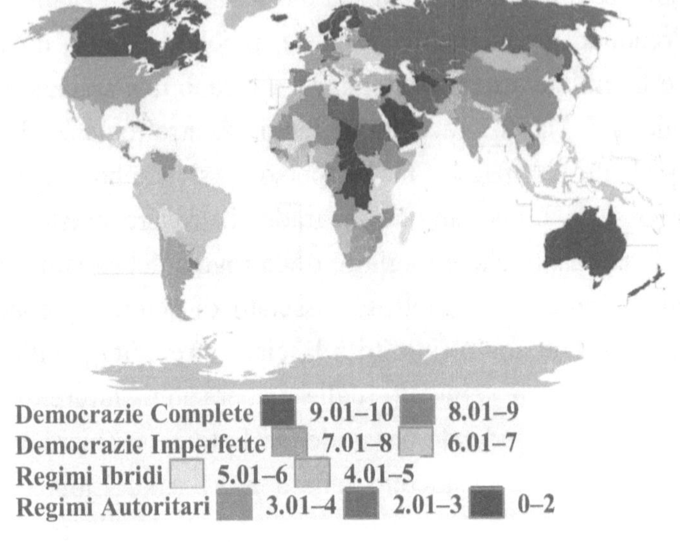

Mappa Politica dei Paesi Africani, 2000

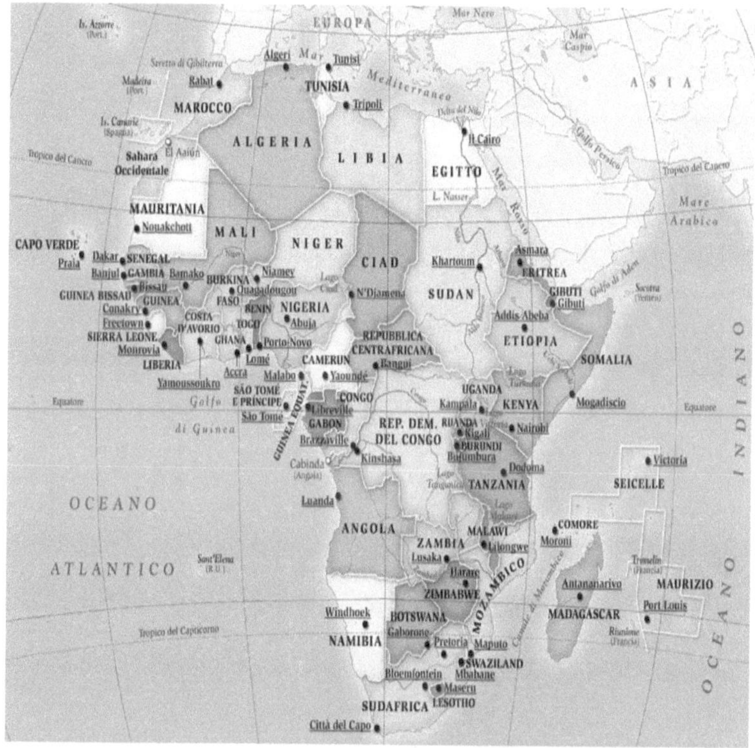